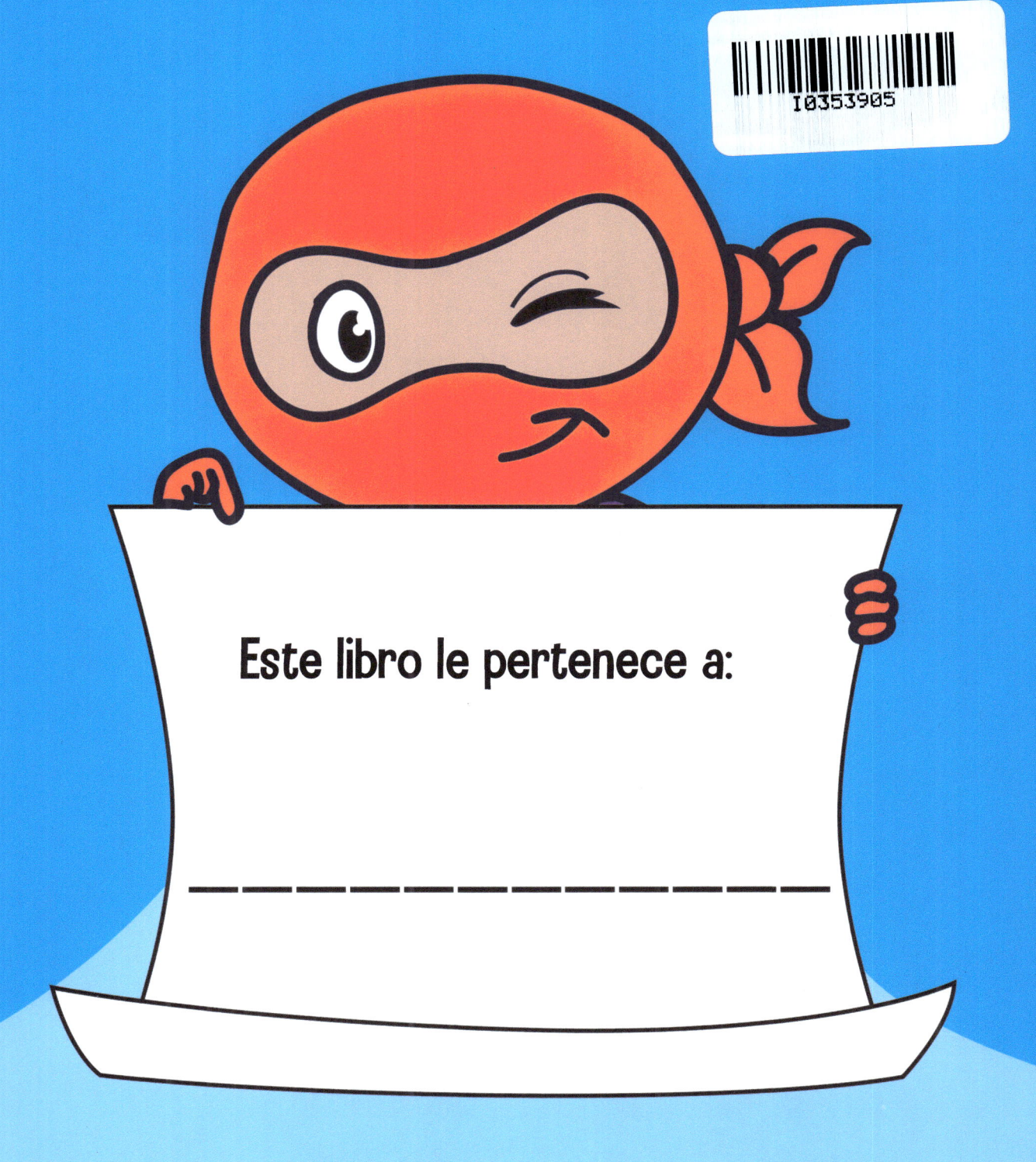

Este libro está dedicado a mis hijos: Mikey, Kobe y Jojo.
La gratitud sana tu mente, cuerpo y espíritu.

Copyright © Grow Grit Press LLC. Todos los derechos reservados. Ninguna parte de este libro puede ser reproducida en ninguna forma sin el permiso por escrito de la editorial. Por favor, envíe solicitudes de pedido al por mayor a growgritpress@gmail.com 978-1-63-731388-6 Impreso y encuadernado en los Estados Unidos. NinjaLifeHacks.tv

El Ninja Agradecido

Por Mary Nhin

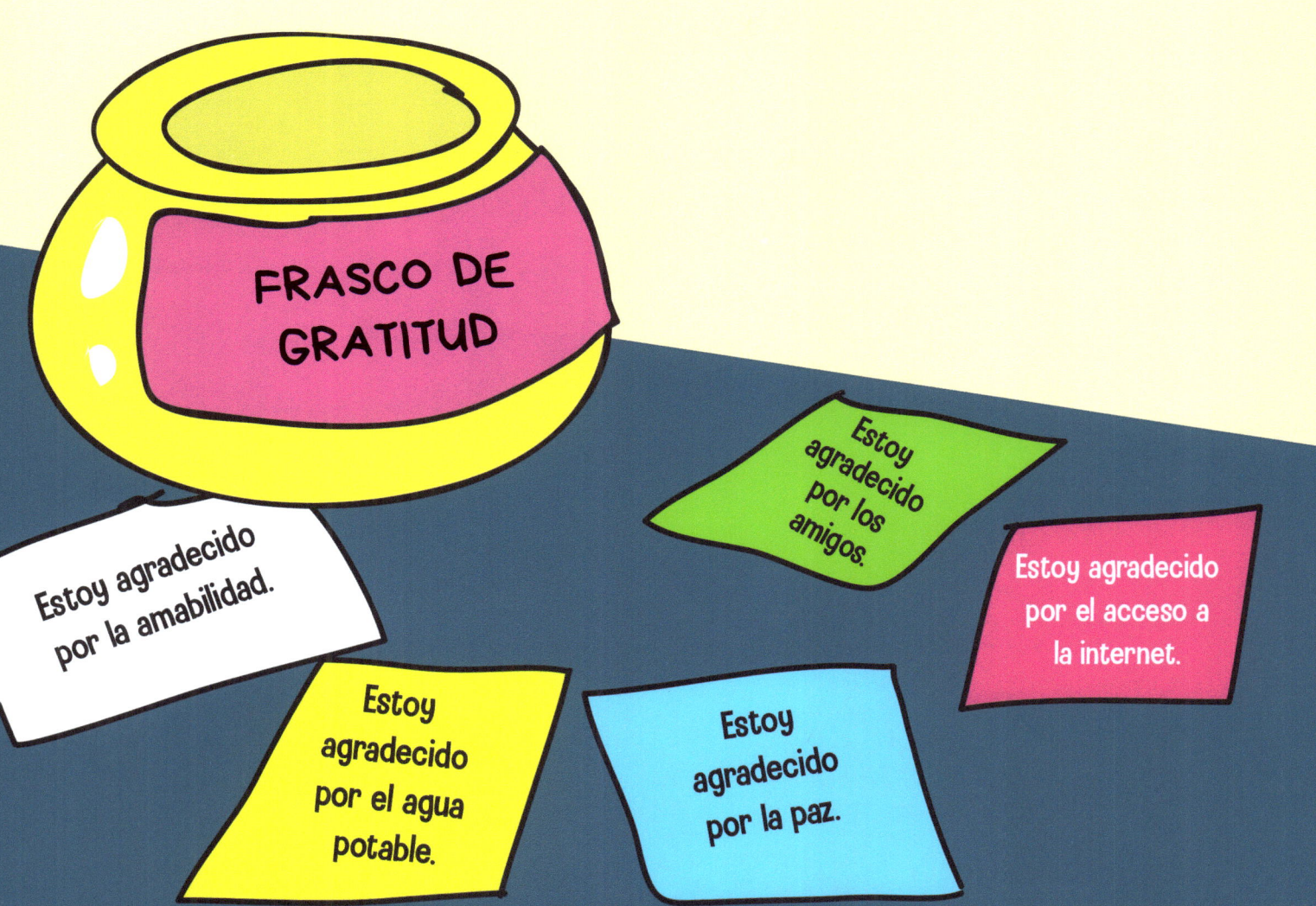

Si alguna vez te encuentras conmigo, probablemente estoy dándole gracias a alguien o por algo.

No siempre he sido tan agradecido. Solía ser desagradecido, lo que me hacía infeliz.

Cuando recibí un regalo, ¡olvidaría dar las gracias!

Y si estaba pidiendo algo, no era importante para mí decir por favor.

Cuando jugaba afuera, casi nunca me daba cuenta de la maravilla del mundo que me rodeaba.

No era la persona más feliz de tener cerca, pero eso cambió un día cuando el Ninja Tranquilo y yo hicimos un pacto para ser más agradecidos.

No nos tomó mucho tiempo para pensar en algunas ideas realmente geniales. Y pronto lo pusimos en marcha:

1. Da las gracias y di por favor más frecuentemente.

Todos los días, añadiremos una nota de lo que estamos agradecidos en el frasco.

Da las gracias en la cena y antes de acostarnos.

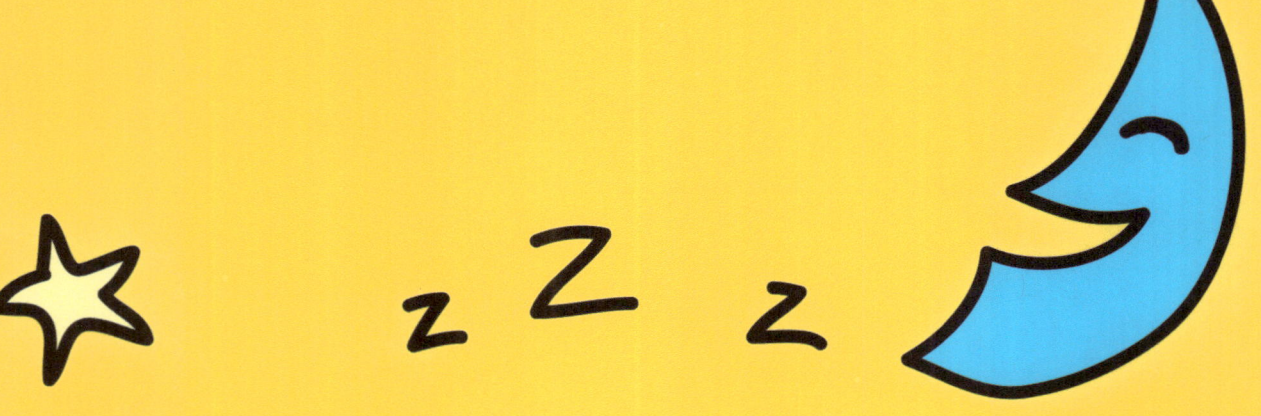

4.

Consigue un diario de gratitud.

Ve a dar un paseo de gratitud.

Si adivinaste feliz o agradecido, estás en lo correcto.

No podía recordar cuando me sentía más feliz. Para mi sorpresa, no se necesitaba un regalo, un juguete nuevo o un juego para llegar allí.

Comencé a apreciar las cosas simples, grandes y pequeñas.

Los 5 desafíos de agradecimiento

1. Da las gracias y di por favor más frecuentemente.
2. Regalémonos un frasco de gratitud.
3. Da las gracias en la cena y antes de acostarnos.
4. Consigue un diario de gratitud.
5. Da un paseo de gratitud.

Recordar los 5 desafíos de agradecimiento podría ser tu arma secreta contra la infelicidad.

¡Visita ninjalifehacks.tv para obtener imprimibles divertidos gratis!

 @marynhin   @GrowGrit
#NinjaLifeHacks

 Mary Nhin   Ninja Life Hacks

 Ninja Life Hacks

 @ninjalifehacks.tv

www.ingramcontent.com/pod-product-compliance
Lightning Source LLC
Chambersburg PA
CBHW040209100526
44583CB00002BA/61